Auf nach

New York

Der perfekte Reiseführer für einen unvergesslichen Aufenthalt in New York inkl. Insider-Tipps, Tipps zum Geldsparen und Packliste

Ramona Sonnenberg

Alle Ratschläge in diesem Buch wurden sorgfältig erwogen und geprüft. Eine
Garantie kann dennoch nicht übernommen werden. Eine Haftung für jegliche
Personen-, Sach- und Vermögensschäden ist daher ausgeschlossen. Die Be-
nutzung dieses Buches und die Umsetzung der darin enthaltenen Informatio-
nen erfolgt ausdrücklich auf eigenes Risiko.

✈ INHALT

Das erwartet Sie in diesem Buch

Sie planen eine Reise nach New York und möchten die Stadt wie ein Local entdecken? Möchten Sie die schönsten Sehenswürdigkeiten besichtigen, sich aber trotzdem vom Charme der Stadt außerhalb der touristischen Gegenden verzaubern lassen? Dann liegen Sie mit diesem etwas anderen Reiseführer genau richtig!

New York, New York! Die Stadt, die niemals schläft, übt seit jeher eine magische Anziehungskraft auf Menschen aus aller Welt aus. Diese Stadt ist immer eine Reise wert! Beobachten Sie das rasante Lebenstempo seiner Einwohner, die internationale Vielfalt und die Fülle an Sehenswürdigkeiten, kulinarischen Leckereien und Kaufhäusern des Big Apples. Entdecken Sie die Stadt mit all ihren schillernden Facetten, die sich in den vielen verschiedenen Vierteln widerspiegeln. Jeder Stadtteil besitzt sein ganz eigenes Flair und wir führen Sie direkt zu den schönsten und aufregendsten Locations.

Wir stellen Ihnen im Folgenden die Top-Highlights der Stadt sowie die besten Restaurants, Shoppingmöglichkeiten und Bars für jeden Geschmack vor. Auch wenn Sie nur ein kleines Budget für Ihre Reise zum Big Apple haben, wird dies mit diesem Reiseführer kein Problem werden, da wir Ihnen zahlreiche Insider-Tipps zum Geldsparen verraten.

Also, auf geht's: Sparen Sie Zeit und Geld mit unseren nützlichen Tipps, stürzen Sie sich ins Abenteuer und lassen Sie Ihre New-York-Reise zu einem unvergesslichen Erlebnis werden!

Insider-Tipps

Entdecken Sie New York mit unseren Insider Tipps wie ein Local. In diesem Abschnitt geht es erst einmal um grundlegende Tipps, die zum Beispiel die Anreise, die Reisezeit oder die Einreisebestimmungen betreffen. Im Anschluss verraten wir Ihnen dann noch unsere Top-Secret-Geheimtipps für den Big Apple.

Das Planen einer Reise in eine Stadt wie New York ist enorm wichtig. Um hohe Ausgaben und lange Wartezeiten zu vermeiden, beginnt man zumeist beim Grundlegenden: Wie buche ich den günstigsten Flug? Wie komme ich am besten vom

Flughafen in die Stadt? Und wann ist überhaupt der passende Zeitpunkt für eine Reise nach New York?

Die angenehmste Reisezeit für einen Trip nach New York ist der Frühling mit sprießenden Blumen im Central Park oder der Herbst während des „Indian Summers". In den Monaten September und Oktober erstrahlt die Natur in der gesamten Stadt in einem außergewöhnlich goldenen Glanz und auch die Temperaturen laden zu Stadterkundungen ein. Jede Jahreszeit hat ihren eigenen Charme, ob zur Weihnachts- und Silvesterzeit, zu der die ganze Stadt weihnachtlich geschmückt ist und man sich beim Schlittschuhlaufen im Central Park vergnügen kann, oder im Hochsommer, wo das ein oder andere Open-Air-Konzert für ein unvergessliches Erlebnis sorgen kann. Auch wenn eine Reise nach New York zu jeder Reisezeit reizvoll ist, sollte man sich bewusst sein, dass ein Winterurlaub recht frostig werden kann und im Hochsommer mit Höchsttemperaturen von bis zu 40 Grad zu rechnen ist.

Sobald der Reisezeitpunkt feststeht, können Sie sich Gedanken über die Anreise machen. New York hat insgesamt drei Flughäfen, zwei davon liegen direkt in New York und einer in New Jersey. Für die

Flugsuche ist die Flugsuchmaschine „skyscanner.de"
sehr empfehlenswert, da man dort flexibel über einen gesamten Monat den günstigsten Flug aus allen
Airlines herausfischen kann. Auch lohnt es sich, ab
und an einmal auf den Urlaub-Schnäppchen-Websi-
tes „urlaubsguru.de" oder „urlaubspiraten.de" nach
billigen Flügen zu suchen. Der durchschnittliche Rei-
sepreis liegt je nach Saison bei circa 600 € für Hin-
und Rückflug, günstige Angebote bekommt man ab
circa 400 € für Hin- und Rückflug. Die meisten an-
kommenden Flüge aus Europa landen am John F.
Kennedy International Airport oder am Newark International Airport.

Für die Einreise in die USA benötigen Sie einen
Reisepass, der über den gesamten Aufenthalt gültig
ist, ein vorläufiger Reisepass reicht in diesem Fall
nicht aus.

Die Einreisegenehmigung für die USA, das ESTA,
müssen Sie online mindestens 72 Stunden vor der
Reise beantragen, aber je früher, desto besser. Das
ESTA ist nach der Genehmigung für alle beliebigen
Reisen innerhalb der USA, die 90 Tage umfassen
dürfen, zwei Jahre lang gültig und kostet 14 Dollar.

Saving Tip: Wenn Sie bei Google nach der Einreisegenehmigung suchen, werden Ihnen zahlreiche Agenturen vorgeschlagen, die beim Ausfüllen des ESTAs behilflich sein wollen. Dies kostet allerdings nur unnötig Geld, deshalb sollten Sie darauf achten, nur bei der offiziellen ESTA-Homepage Ihre Einreisegenehmigung zu beantragen

Nach der Ankunft am Flughafen sollten Pass und Einreiseformular bereitgehalten werden, da sie durch die Einreisekontrolle müssen. Nach der Einreisekontrolle kann das Gepäck vom Band geholt werden und Sie müssen durch die Zollkontrolle, bei der das Gepäck stichprobenartig kontrolliert wird.

Manhattan liegt je nach Flughafen circa 25-30 km entfernt. Für den Transfer empfiehlt es sich, im Voraus ein Shuttle oder ein Taxi zu buchen. Ein Taxi kostet vom John F. Kennedy Flughafen nach Manhattan circa 62 $ und ein Sammeltaxi „SuperShuttle Manhattan" 15 $ pro Person. Sie werden höchstwahrscheinlich bei der Ankunft am Flughafen von Taxifahrern angesprochen werden. Bei diesen Taxis bezahlen Sie deutlich mehr als bei vorab bestellten Taxis oder Taxis außerhalb des Ankunftsbereiches, also lassen Sie sich möglichst nicht ansprechen.

Planen Sie bei Ihrer Rückreise genügend Zeit ein, da die Verkehrslage in New York stets heikel ist. Am besten nehmen Sie die Subway oder den Zug, damit kommen Sie meist pünktlich an.

Saving Tip: Die Innenstadt ist auch per Bus oder Subway erreichbar. Der New York Airport Service Express Bus hält an der Grand Central Station, am Port Authority, an der Penn Station und am Bryant Park und kostet circa 15 $ pro Person. Die Subway kostet 7,50 $, die Fahrkarten sind erhältlich an allen Fahrkartenautomaten der MTA. Um nach Manhattan zu gelangen, müssen Sie zunächst den AirTrain nehmen, der Sie zur Station Jamaica Center Parsons/Archer bringt. Von dort aus steigen Sie in die Linie E um, mit der Sie bis nach Manhattan fahren. In beiden Fällen lohnt es sich, vorab den Bus- und Subway Plan auf Ihr Handy zu laden. Für die Fahrten sollte man 50 bis 60 Minuten Zeit einplanen.

Man sollte sich vorher überlegen, wie viel Bargeld man mit nach New York nehmen möchte bzw. wie viel man am Flughafen wechselt. Empfehlenswert ist eine Summe, die ungefähr die Transportkosten vom Flughafen zur Unterkunft deckt. Wichtig ist auch, sich vorher bei seiner Bank zu informieren, ob die EC-Karte im Ausland benutzt werden kann. In den USA ist es üblich, alles mit Kreditkarte zu bezahlen, deshalb werden Sie bei fast allen Geschäften oder Restaurants keine Schwierigkeiten haben, bargeldlos zu zahlen. Sollten Sie doch Bargeld abheben wollen, sollten Sie darauf achten, dass das Geldabheben bei einem ATM oftmals mit Gebühren von 1 bis 4 $ an die amerikanische Bank sowie mit individuellen Gebühren an Ihre Heimatbank verbunden ist. Es empfiehlt sich daher, größere Summen abzuheben.

Woher weiß man aber, wie viel Geld für einen New-York-Trip benötigt wird? New York ist in der Tat keine günstige Stadt, aber es lässt sich dennoch an der ein oder anderen Ecke Geld sparen. Natürlich sind die Preise für Essen und Trinken so unterschiedlich wie die Angebote selbst. Hier kommt es vor allem auf das Viertel an, in dem Sie ausgehen möchten. Im Folgenden sind ein paar typische tägliche Bedarfsartikel und ihre Preise aufgelistet, um die Vergleichbarkeit zu erleichtern.

Einzelfahrt in der New Yorker Subway: $ 2.75

New Yorker Yellow Cab Taxifahrt: $ 2.50

Grundpauschale + $ 0.50 Steuer + $ 1 pro Meile

Sandwich in Manhattan: $ 7

Softdrink in Manhattan: $ 2

Lunch in Manhattan: $ 15

Für eine einwöchige Reise nach New York empfiehlt sich ein ungefähres Reisebudget von $ 500, wobei die Hälfte für Essen und Trinken kalkuliert wurde sowie ein tägliches Budget von $ 25 für Sehenswürdigkeiten und Attraktionen, für Fixkosten für den AirTrain und für die Wochenkarte für die New Yorker Subway, die im Anschluss vorgestellt wird.

Die U-Bahn ist das beste und vor allem auch günstigste Verkehrsmittel, um New York zu entdecken. Mit fast 500 Stationen wirkt sie oft etwas überfordernd auf Reisende, aber zu einem wahrhaftigen New York Erlebnis gehört sie einfach dazu! Nicht selten wird man Musikern oder Künstlern über den Weg laufen, die einem direkt den Tag verschönern möchten.

Das Tarifsystem der Subway ist recht übersichtlich und einfach gehalten. Bei ein bis drei Fahrten lohnt sich ein Single-Ride-Ticket am meisten. Hierbei ist zu beachten, dass Sie jedes Mal vor Fahrtantritt ein neues Ticket am Automaten kaufen müssen. Der Preis für ein Single-Ride-Ticket beläuft sich auf $ 3. Bei 4 bis 12 Fahrten lohnt es sich, eine MetroCard zu kaufen und diese mit einem Geldbetrag aufzuladen. Die MetroCard kostet einmalig $ 1 und ist an jeder Haltestelle der Subway zu erwerben. Sie funktioniert wie eine PrePaid-Karte und bietet den großen Vorteil, dass man nach dem Aufladen bargeldlos mit allen Bussen und U-Bahnen fahren kann. Wenn man die MetroCard am Automaten kauft, wird man nach dem fünfstelligen Zip-Code (die New Yorker Postleitzahl) gefragt.

Hier kann man aber auch ganz einfach 00000 eingeben. Wenn man häufiger als 12 Mal mit der Metro fährt, ist es am günstigsten, wenn man eine 7-Tage-Karte kauft. Diese kostet $ 32, was bei 13 Fahrten einen Ticketpreis von circa $ 2,45 ausmacht. Wem das Kaufen der MetroCard an der Station zu stressig ist, kann sie natürlich auch vorab online bestellen. Auf „rent-a-guide.de" kostet sie $ 38 und ist innerhalb weniger Tage bei Ihnen Zuhause im Briefkasten. Wie nutzt man die MetroCard? Die MetroCard muss vor Betreten des Bahnsteiges am Drehkreuz durch den Kartenleser geschoben werden, beim Verlassen kann man die Drehkreuze dann einfach so passieren.

Und wie erkennt man nun, wie man von A nach B kommt? Es wird grundsätzlich zwischen Express Train und Local Train unterschieden. Die Express Trains sind vergleichbar mit den deutschen ICEs, das heißt, sie halten an weniger Haltestellen als die Local Trains. Man kann an dem Zeichen erkennen, ob es sich um einen Local Train oder um einen Express Train handelt: Beim Local Train ist die Zahl oder der Buchstabe der Linie mit einem Kreis umrahmt, beim Express Train ist es eine Raute. An den Stationen sieht man beim Betreten die Schilder „Uptown" und „Downtown". Man muss sich bei diesen Angaben die New Yorker Stadtkarte vor Augen rufen und bei einer Fahrt Richtung Norden „Uptown" und bei einer Fahrt Richtung Süden „Downtown" wählen. In allen Stationen gibt es kostenloses WLAN. Und wer besorgt ist, nachts nicht zurück ins Hotel zu kommen, dessen Sorge ist unbegründet, denn die New Yorker

Subway fährt regelmäßig 24/7, das heißt, rund um die Uhr!

> **Insider-Tipp:** Es gibt eine geheime Subway Station unter der City Hall, die man erreicht, indem man mit den Linien 4, 5 oder 6 bis zum Ende fährt, nicht aussteigt und mit der Subway dann wieder Richtung Uptown fährt.

Am tiefsten unter der Erde sind Sie mit 55 Metern übrigens in der Station „191 St." der Linie 1 in Manhattan.

Metro fahren mit Kindern: Alle Kinder, die kleiner als 1,12 m sind, können kostenlos die Metro benutzen. Für alle größeren Kinder muss leider der volle Preis gezahlt werden, ebenso für Schüler und Studenten, da es in der New Yorker U-Bahn keine ermäßigten Fahrkarten für Touristen gibt.

Gerade jemand, der sich solch eine große Metropole als Reiseziel ausgesucht hat, in der er vorher noch nie war, ist oftmals überfordert. Wir versuchen, Ihnen Ihren Trip etwas zu erleichtern.

Stehen Sie nicht im Weg herum und behalten Sie einen flotten Schritt bei. New Yorker sind sehr ungeduldig, da ihr Alltag meist von vorne bis hinten durchgetaktet ist. Halten Sie also beispielsweise schon das Ticket für die Metro bereit, wenn Sie in die Nähe des Drehkreuzes kommen. Verursachen Sie keinen Fußgängerstau auf den Bürgersteigen.

Die Bürgersteige sind die Straßen der Fußgänger, also halten Sie niemals mitten auf dem Fußweg an, sondern gehen Sie ein wenig zur Seite. Auch rote Ampeln stellen im Leben eines New Yorkers keinerlei Hindernis dar. Bei viel Verkehr sollte man natürlich Acht geben und auf Grün warten.

Ansonsten bleibt selbst die Polizei davon unbeeindruckt, wenn Sie bei Rot die Straße überqueren. Als ungeschriebenes Gebot steht auch das obligatorische Trinkgeld, auf das später noch weiter eingegangen wird. Versäumen Sie es nicht, Trinkgeld zu geben!

Außerdem: Outen Sie sich nicht als Tourist. Touristen sind in New York eher verpönt, also tragen Sie Ihr „I Love New York"-T-Shirt lieber Zuhause und orientieren Sie sich lieber an einer Karten-App auf Ihrem Handy anstatt an einer aufklappbaren Stadtkarte. Erkunden Sie auch alles außerhalb von Manhattan. Natürlich dürfen Sie auch die Sehenswürdigkeiten nicht verpassen, aber außerhalb von Manhattan gibt es noch so viel mehr zu entdecken!

Wenn Sie Tickets für Shows oder Sportveranstaltungen buchen, recherchieren Sie im Internet zuerst nach heruntergesetzten Tickets, denn hierbei kann man einiges sparen. Und kaufen Sie niemals von Verkäufern rund um den Schalter, denn diese Tickets sind meist gefälscht und nicht gültig.

Taxifahren ist nicht unbedingt notwendig. Wenn Sie nicht zu Fuß gehen oder die Subway nehmen möchten, bestellen Sie lieber einen Fahrer über die Uber App. Die Abwicklung funktioniert schnell, problemlos und kostengünstig.

Essen Sie nicht bei Fast-Food-Ketten wie McDonald's und Co. Die Preise sind für mittelmäßiges Essen recht hoch und Sie bekommen all das auch in Deutschland. Wenn Sie schon einmal in New York sind, sollten Sie die wahre amerikanische oder auch internationale Küche ausprobieren! Wenn Sie an die Theke gehen, um zu bestellen, sollten Sie bereits genau wissen, was Sie bestellen möchten. In den meisten Fällen bildet sich hinter Ihnen bereits eine Schlange und es gehört nicht zum guten Ton, viel Zeit beim Bestellen in Anspruch zu nehmen.

Trinken Sie nicht aus dem Wasserhahn! Dem Wasser werden neben Mineralien auch Unmengen an Chlor beigesetzt, deshalb sollten Sie Leitungswasser vermeiden. Tap Water aus dem Restaurant ist meist gefiltert.

So weit, so gut. Ausgestattet mit den nötigsten Hinweisen können Sie sich jetzt auf Ihre Tour begeben und die Stadt entdecken.

TOP 10 THINGS TO DO

HIGHLIGHTS

1. **Freiheitsstatue –** Los geht es mit dem berühmtesten Bauwerk New Yorks, das bei keinem Big Apple Trip fehlen sollte. Die Freiheitsstatue befindet sich auf einer kleinen Insel „Liberty Island" südlich von Manhattan. Die Einreise erfolgt über Ellis Island, wo früher zunächst alle Immigranten untergebracht und registriert wurden. Außerdem sind hier die Friedensglocke und eine Abschrift der amerikanischen Unabhängigkeitserklärung zu finden. Unserer Meinung nach lohnt sich eine Bootstour mehr als ein Besuch der

Statue auf Liberty Island, da man die Freiheitsstatue vom Wasser aus wesentlich besser sehen kann und ein Besuch der Statue selbst sehr zeitaufwendig ist. Es lohnt sich, der Statue of Liberty direkt am frühen Morgen nach dem Frühstück einen Besuch abzustatten, bevor sie von Touristenmassen überflutet wird. Wie bei allen Sehenswürdigkeiten sollte man sich frühestmöglich um Tickets kümmern, um hohe Kosten zu vermeiden. Auf der Webseite von Statue Cruises können Sie Tickets für einen Besuch der Freiheitsstatue erwerben und die Circle Line bietet sehr schöne Bootstouren an. Empfehlenswert sind hierbei die „Best of New York"-Rundfahrt und die „Harbor Lights Cruise" am Abend. Die Preise belaufen sich auf $ 18.50 bis $ 21.50, je nachdem, wie viel man sehen möchte. Die Öffnungszeiten sind täglich von 9:30 - 15:30 Uhr.

Saving Tip: Um Geld zu sparen, kann man die Freiheitsstatue auch von der kostenlosen Staten Island Ferry betrachten, die von der Südspitze Manhattans bis Staten Island und wieder zurück fährt.

2. **Das Empire State Building** – ebenfalls eine der ersten Sehenswürdigkeiten, die einem in den Kopf kommen, wenn man an New York denkt. Und es wird seinem Ruf auf alle Fälle gerecht. Die Aussicht ist eine der besten, die New York zu bieten hat. Bis 1972 galt es als das höchste Gebäude der Welt. Für den Besuch sollte man circa drei Stunden einplanen, da diese Sehenswürdigkeit zum Pflichtprogramm eines jeden Touristen gehört und es auch dementsprechend voll ist. Tickets, die man auf jeden Fall vorher kaufen sollte, kosten $ 37 für die erste Plattform, die bereits in schwindelerregenden 400 Metern Höhe im 86. Stockwerk liegt. Für einen Aufpreis von $ 17 kann man noch eine zweite Plattform besichtigen, allerdings reicht die erste Plattform für einen atemberaubenden Blick über New York vollkommen aus. Die Ferngläser dort kann man übrigens umsonst nutzen. An besonderen Tagen wird das Empire State Building in bestimmten Farben angestrahlt, wie zum Beispiel in den Farben der deutschen Flagge, als Deutschland Weltmeister wurde. Die Öffnungszeiten sind täglich von 8:00 bis 2:00 Uhr. Mit den öffentlichen Verkehrs-

mitteln erreicht man das Empire State Building am besten mit den Metro-Linien 1, 2 und 3 bis zur 34th Street Penn Station oder mit den Linien B, D, F, M, N, Q und R bis zum Herold Square.

3. **Das Rockefeller Center** – von hier aus hat man den schönsten Blick auf den Central Park und man kann im Winter ab Anfang Dezember eine der berühmtesten Schlittschuhbahnen der Welt und den riesigen Weihnachtsbaum genießen. Auf der Aussichtsplattform kann man ungestört Fotos machen – Stative sind allerdings nicht erlaubt. Auf dieser Aussichtsplattform ist es meist auch ein wenig ruhiger als auf dem Empire State Building. Für den Besuch sollte man ungefähr 1 bis 2 Stunden einplanen, Tickets kosten $ 39,20.

4. **One World Observatory** – dieser Wolkenkratzer ist bis jetzt der höchste in ganz New York und bietet ebenfalls einen wunderbaren Ausblick über die Skyline von New York. Ein Standardticket kostet hier $ 32, es empfiehlt sich hier ebenfalls, ein Ticket vorher online zu kaufen. Zu erreichen ist das One World Trade Center über die Subway-

Stationen Metro World Center, Cortlandt St und Park Pl.

5. **Eine Show am Broadway anschauen: Times Square und Theater District** – Ein New-York-Trip, ohne den Times Square besucht zu haben? Unvorstellbar! Vor allem nachdem die Sonne untergegangen ist und die Anzeigetafeln nur noch mehr leuchten, zieht dieser Platz als meistfotografierter Ort alle in seinen Bann. Direkt angrenzend liegt der Theater District, das pulsierende Zentrum für Entertainment. Nicht umsonst wird das Theaterviertel das Herz von Manhattan genannt. Zahlreiche Broadway Theater, Filmstudios und Plattenlabels tummeln sich hier. Von den 60ern bis zu den 90ern wurde dieses Viertel wegen seiner vielen zwielichtigen Sexshops und Stripclubs als gefährlichere Gegend angesehen. Nach der Neugestaltung und Renovierung, bei der auch Walt Disney eine große Rolle spielte, wurde der Theater District allerdings wesentlich touristenfreundlicher. Der 29 Kilometer lange Broadway verläuft genau durch die Mitte des Theater Districts und bietet eine riesige Auswahl

an Broadway Shows. Wer sich hierfür interessiert, dem ist das New Amsterdam Theater zu empfehlen. Eintrittskarten für die Shows und Musicals sollten auf jeden Fall vorher online reserviert werden.

6. **National 9/11 Memorial and Museum** – diese Gedenkstätte soll an die 2983 Menschen erinnern, die bei den Anschlägen auf das World Trade Center am 11. September 2001 ums Leben gekommen sind. Sie besteht aus zwei Wasserbecken, die direkt auf den Fundamenten der eingestürzten Twin Towers stehen. Direkt angrenzend an die beiden Brunnen gibt es ein 9/11 Museum, das Fundstücke, private Gegenstände oder Kleidungsstücke ausstellt und die Geschichte der Ereignisse des 11. Septembers erzählt. Der Eintrittspreis für Memorial und Museum beträgt $ 26 für Erwachsene und $ 15 für Kinder zwischen 7 und 12 Jahren. Dienstags gibt es hier ab 16 Uhr limitierte kostenlose Tickets – deshalb gilt für die Sparfüchse: First come first serve.

7. **Ein echtes New Yorker Pastrami-Sandwich essen** – Zugegeben, es ist nicht ganz billig, aber das berühmte „Katz's Delicatessen" ist schon eine Attraktion für sich. Das jüdische Deli ist das älteste noch bestehende Deli in New York und ist bekannt aus dem Film „Harry und Sally". Die riesigen legendären Sandwiches werden mit gepökeltem und geräuchertem Fleisch sowie Senf und Gewürzgurken belegt und sind ein wahres Muss bei jedem New-York-Besuch.

8. **Metropolitan Museum of Arts** – natürlich hat New York auch für Kunstbegeisterte nur das Beste zu bieten. Mit mehr als 7 Millionen Besuchern pro Jahr und einigen der berühmtesten Bilder aus allen nur möglichen Epochen ist das MET, ein Kunstmuseum der absoluten Spitzenklasse. Ausgerichtet wird hier auch die MET-Gala. Nach ein paar anstrengenden Stunden im Museum können Sie sich von Mai bis Oktober auf der Dachterrasse im 5. Stock ausruhen. Der Eintritt kostet $ 25 und wie bei den meisten anderen Sehenswürdigkeiten auch empfiehlt es sich, das Ticket vorher online zu kaufen. Die Öffnungszeiten sind

sonntags bis donnerstags von 10 Uhr bis 17:30 Uhr und Freitag und Samstag von 10 Uhr bis 21 Uhr.

9. **Mit dem Fahrrad durch den Central Park** – die grüne Lunge der Stadt. Im Winter sind hier Eisflächen zum Schlittschuhlaufen aufgebaut, im Frühling kann man zwischen blühender Natur ein wenig frische Luft schnappen oder im Sommer den Open-Air-Konzerten lauschen. Ganz zu schweigen vom goldenen Herbst, der die ganze Stadt in einem Glanz aus bunt verfärbten Blättern erstrahlen lässt. Der Central Park ist zu groß, um ihn zu Fuß zu durchqueren, deshalb lohnt es sich, sich ein Fahrrad zu mieten.

10. **Moderne Kunst im Museum of Modern Art entdecken** – noch ein Museum der Superlative. Nahezu alle bekannten Künstler der Moderne sind hier vertreten. Die Sammlung beherbergt mehrere hunderttausend Werke und zählt damit zu den umfangreichsten überhaupt. Meisterwerke wie „Der Tanz" von Matisse, „Sternennacht" von Vincent van Gogh oder Frida Kahlos

„Selbstbildnis mit abgeschnittenem Haar" sowie mehrere Design-Objekte sind hier zu bestaunen. Der Eintritt kostet ebenfalls $ 25. Interessant für Künstler: Skizzieren ist nur mit Bleistift und DIN-A4 Skizzenbuch erlaubt. Außerdem ist das MoMa ein Shoppingparadies für Kreative: eine große Zahl an Kunstreproduktionen, Büchern und exklusiven Gebrauchsgütern sind hier zu erwerben. Die Öffnungszeiten sind von Samstag bis Mittwoch von 10:30 Uhr bis 17:30 Uhr und donnerstags und freitags von 10:30 bis 20:00 Uhr.

Saving Tip: der Eintritt am Freitag ist von 16:00 bis 20:00 frei.

SEHENSWÜRDIGKEITEN FÜR DEN KLEINEN GELDBEUTEL

Ja, selbst eine teure Stadt wie New York lässt sich auch mit wenig Geld erkunden. Die nächsten Must-See-Sehenswürdigkeiten sind alle „for free" und auf jeden Fall einen Besuch wert!

Chinatown und Little Italy – kaum eine Stadt auf dieser Welt hat mehr Kulturen vereint. Besuchen Sie diese beiden Viertel und fahren Sie auf eine kleine kulinarische Weltreise. Man fühlt sich wie in einer anderen Welt. Diese Viertel sind für viele Immigranten die erste Station auf der Suche nach dem American Dream. Als Tourist kann man sich an der bunten Vielfalt der Bewohner und Angebote erfreuen. So kann man in Chinatown zahlreiche mysteriöse getrocknete Lebensmittel sowie exotische Tiere oder klassische Peking-Enten bestaunen.

Ein paar Straßen weiter wandelt sich der hektische chinesische Bazar in ein Meer aus pasta- und pizzadominierenden Speisekarten um. Hier bekommt man mit Abstand die beste Pizza New Yorks! Allerdings hat sich Little Italy in den letzten Jahren hin zu vielen teuren Souvenirshops und pseudo-

italienischen Restaurants entwickelt. Das „neue"
Little Italy ist NOLITA. Hier gibt es authentische italienische und mexikanische Küche.

Saving Tip: In Chinatown und auch in Little Italy bekommt man sehr preisgünstiges Essen, auch Mit-
bringsel sind hier um einiges billiger als am Times
Square und meistens kann man sogar noch 20-30 %
runterhandeln. Von der gefälschten Markenware
sollte man allerdings die Finger lassen.

Grand Central Station – beinahe jeder wird diesen
imposanten Bahnhof aus einem der unzähligen hier
gedrehten Filme wiedererkennen. Jeden Tag passie-
ren mehr als 750 000 Menschen den größten Bahnhof der Welt, kolossale 93 % davon sind College-Stu-
denten. Wenn Sie nach oben schauen, fällt Ihnen auf,
dass die Decke kopfüber hängt, das bedeutet, dass
der Himmel aus der Sichtweise Gottes dargestellt
wurde.

Unser Geheimtipp: Besuchen Sie die Whispering Gallery. Wenn man hier in einer der vier Ecken des Foyers steht und etwas sagt, kann die Person in der gegenüberliegenden Ecke es hören. Um sie zu finden, müssen Sie nach der berühmten Oyster Bar Ausschau halten, die Flüstergalerie befindet sich ganz in der Nähe.

Brooklyn Bridge – dieses Bauwerk lässt das Herz eines jeden Ingenieurs höherschlagen und gehört auch noch zu den kostenlosen Sehenswürdigkeiten New Yorks, da sie ja schließlich eine Straße des öffentlichen Verkehrs ist. Als „Sehnsuchtsbrücke" im Herzen von New York symbolisiert sie den Traum von einem besseren Leben. Es ist empfehlenswert, mindestens einmal die Brooklyn Bridge zu Fuß zu überqueren, um einen atemberaubenden Ausblick über den East River, Brooklyn und Manhattan zu genießen. Bis 1993 galt sie als achtes Weltwunder und hatte damals den Weltrekord als längste Hängebrücke der Welt inne. Vom Brooklyn Bridge Park hat man einen tollen Ausblick auf die Brooklyn Bridge, die Manhattan Bridge ist von hier aus ebenfalls zu sehen.

Gansevoort Market – ein kleiner Insider-Tipp. Wenn man durch das alte Fleischerviertel Manhattans läuft, begibt man sich auf eine kleine kulinarische Zeitreise. Im 19. Jahrhundert war dieser Platz einer der größten Open-Air-Handelsplätze von ganz Amerika. Während man über mit Kopfstein gepflasterte Straßen läuft, werden einem von allen Seiten Leckereien angeboten. Dieser eher nicht touristische Ort bietet die ideale Verschnaufpause vom Großstadttrubel.

Kostenlose Führungen und Veranstaltungen

Geheimtipp: Es gibt in New York eine ehrenamtliche Organisation namens Big Apple Greeter Service, die kostenlose Stadtführungen anbietet. Die „Greeter" sind wahre New Yorker, die in ihrer Freizeit dreistündige Touren organisieren, um Touristen ihren ganz persönlichen Big Apple zu zeigen.

Man entdeckt auf dieser Tour viele versteckte Orte und bekommt Insider-Informationen, die man ansonsten nie herausgefunden hätte. Wer an dieser Tour teilnehmen möchte, muss sich circa vier

Wochen vor Reiseantritt im Internet anmelden. Da die Tour zu Fuß losgeht, sollten Sie sich auf einen recht langen, anstrengenden Tag vorbereiten und dementsprechende Schuhe anziehen.

Neben der Tour des Big Apple Greeter Services gibt es noch andere kostenlose Walking-Touren. Kostenlose Central-Park-Führungen bietet die Central Park Conservatory an. Sie findet an bestimmten Terminen statt, die im Internet einzusehen sind. Auch die Free Tours by Foots ist eine Möglichkeit, New York günstig zu entdecken. Sie funktioniert nach dem „Pay what you wish" Prinzip. Man hat selbst die Wahl zwischen Foot Tour, Fahrrad- oder Bustour. Am Grand Central Terminal gibt es eine 90-minütige kostenlose Walking-Tour vom Grand Central Partnership, bei der ein Historiker über die Entstehungsgeschichte des Gebäudes erzählt. Freitags, samstags und sonntags gibt es eine kostenlose Führung durch die „Brooklyn Brewery", einer New Yorker Bierbrauerei, die köstliches Bier anbietet.

Günstiger als der übliche Fahrradverleih für Touristen in New York ist das Stadtfahrrad-Programm namens Citi Bike, bei dem man für 12 Dollar 24 Stunden lang ein Fahrrad ausleihen kann. Es gibt in ganz New York 400 Stationen, an denen man das Fahrrad leihen und wieder abstellen kann. Wichtig hierbei ist, dass zwischen dem Zeitpunkt, zu dem Sie das Fahrrad aus einer Station nehmen, und dem Zeitpunkt, zu dem Sie es an einer anderen Station abstellen, nur 30 Minuten vergehen dürfen, ansonsten fallen Gebühren in Höhe von 4 Dollar pro 15 Minuten an.

Neben der kostenlosen Staten Island Ferry gibt es noch eine weitere günstige Bootsfahrt, mit der man New York entdecken kann. Die North River Shift Bar gibt es für nur $ 10 pro Person. Auf dem dreistöckigen Boot kann man die Fahrt in Richtung Freiheitsstatue bei einem Unterhaltungsprogramm genießen.

Eine kostenlose Alternative zu den kostenpflichtigen Aussichtsplattformen sind Rooftop-Bars. Hier kann man auch eine wunderschöne Aussicht über den Big Apple genießen und muss dabei nur für ein Getränk bezahlen.

Im Sommer gibt es in den Parks New Yorks viele kostenlose Konzerte, Theateraufführungen oder Free-Movie-Abende. Zu den bekanntesten zählt das Bryant Park Summer Film Festival, bei dem jeden

Abend im Bryant Park auf einer riesigen Leinwand Filme gezeigt werden. Eine tolle Atmosphäre, die sich keiner entgehen lassen sollte! Auch „Shakespeare in the Park" ist ein beliebtes kostenloses Event, bei dem verschiedene Stücke von Shakespeare gezeigt werden. In der Vergangenheit haben sogar Prominente wie Meryl Streep, Al Pacino oder Denzel Washington teilgenommen. Eine ganz besondere Atmosphäre gibt es auch bei dem Summer Stage Festival oder den kostenlosen Auftritten der New York Philharmonic im Central Park. Auf der Sheep Meadow Wiese treffen sich tausende New Yorker mit Kerzen und Picknickdecken und lauschen den Klängen der Konzerte.

NEW YORK ENTDECKEN MIT KINDERN

Sie fragen sich, ob die Stadt, die niemals schläft, einfach zu viel ist für kleine Kinder? Es gibt so einige Tipps und Tricks, wie man einen tollen und entspannten Urlaub in New York auch als Familie verbringen kann. Manhatten ist in den letzten Jahren sehr sicher geworden. Die ganze Stadt ist für Kinderwägen aufgrund der angeschrägten Bürgersteige sehr gut geeignet.

Unser erster Tipp: Buchen Sie einen Flug, der tagsüber startet, damit die Kinder auch mit der Zeitverschiebung zur richtigen Zeit müde werden.

Sehr empfehlenswert ist die App „Babyplaces". Hier findet man alle Kinderärzte, Wickelplätze, Zoos und Läden für Kinder, also alles, was einem das Reisen mit Kindern erleichtert.

Ansonsten sind alle Sehenswürdigkeiten auch für Kinder geeignet, oftmals gibt es auch ermäßigte Preise für Kinder. Überall in der Stadt gibt es Spielplätze, an denen zwischendurch einmal eine kleine

Pause eingelegt werden kann, falls es zu anstrengend wird. Während der Woche sind die Plätze auch nicht so überlaufen wie am Wochenende. Um Warteschlangen zu umgehen, sollten alle Tickets für Sehenswürdigkeiten vorab im Internet bestellt werden, man kann oftmals eine „Express"-Version erwerben, die zwar etwas teurer ist, sich aber zeitlich extrem lohnt.

Am Times Square empfiehlt sich der riesige Disney Store, ein Shopping-Paradies für jedes Kind. Wenn Sie eine Bootsfahrt zum Beispiel zur Freiheitsstatue unternehmen, denken Sie daran, Sonnencreme für Ihre Kinder mitzunehmen. Bücherwürmer können sich in der Children's Library austoben und sportbegeisterte Kinder können spannende Sportveranstaltungen live miterleben. Von Fußball über Baseball und Basketball gibt es in New York alles. Auch eine Fahrradtour durch den Central Park kann mit Kindern schön sein.

Am Broadway gibt es viele kindergeeignete Musicals, wie zum Beispiel The Lion King, Aladdin, Frozen oder Harry Potter. Die Tickets kosten zwischen 50 € und 150 € pro Person und sollten auf jeden Fall vorher im Internet reserviert werden.

Das American Museum of Natural History erkennen viele Kinder aus dem Film „Nachts im Museum" wieder. Von Dinosaurierausstellungen über ein Space Theater aus der Weltraumforschung bis hin zu einem Schmetterlingskonservatorium, in dem von Oktober bis Mai 500 verschiedene Schmetterlingsarten frei herumfliegen, gibt es hier alles, was ein Kinderherz höherschlagen lässt.

Wer andere Tierarten besuchen möchte, kann dies in einem der vielen Zoos tun. Hier gibt es den Central Park Zoo, den Bronx Zoo oder das Coney Island Aquarium. Ein Online-Ticket kostet für Erwachsene $ 25 und für Kinder $ 20. Es gibt 4-mal täglich eine Show mit Seelöwen und ein Amphitheater.

Wenn Sie mit Ihren Kindern essen gehen möchten, achten Sie darauf, dass man in beliebten Restaurants oftmals anstehen muss. Reservieren Sie deshalb immer vorher oder kommen Sie frühabends vor 18 Uhr. Kinder lieben es, wenn es beim Warten auf das Essen etwas zu tun gibt. Bei „Dave and Buster" können sich Ihre Kinder in einem Spielbereich beschäftigen. Das Bubba Gump Shrimp Co. Restaurant ist ein Restaurant mit Forrest-Gump-Thema. Vor allem, wenn Ihre Kinder den Film gesehen haben, ein wahres Erlebnis. Achten Sie darauf, dass der Eintritt in Bars oder Clubs für Personen unter 21 Jahren verboten ist, Sie dürfen also Ihre Kinder nicht mit reinnehmen. Dies gilt leider auch für Rooftop-Bars.

Saving Tip: Essen gehen mit Kindern. In manchen Restaurants dürfen Kinder beim Buffet kostenlos mitessen bzw. es gibt günstige Angebote für Kinder. Beispielsweise dürfen Kinder unter 12 Jahren im „Hill Country" beim Montags-Special kostenlos beim Barbecue-Buffet mitessen, zum Preis von $ 32 pro erwachsene Person.

MUST SEE PHOTO STOPS

New York ist die meist fotogene Metropole der Welt. Ob Profifotograf, Urlaubsfoto der Familie oder für den Blog auf Instagram – wenn man schon einmal in New York ist, möchte man doch auch ein paar vorführenswerte Erinnerungsfotos mitnehmen. Im Folgenden sind einige der schönsten Spots zum Fotografieren aufgeführt.

Natürlich bieten sich in New York die üblichen Sehenswürdigkeiten zum Fotografieren an, aber wir haben eine kleine Liste an außergewöhnlichen Standorten und Blickwinkeln zusammengestellt.

Wenn Sie einen professionellen Fotografen buchen wollen, kann man dies auf „airbnb.de" tun. Hier kann man Fotoshootings an bestimmten Locations buchen oder auch einen Photowalk durch verschiedene Viertel, bei dem Einheimische ihre ganz persönlichen fotowürdigen Highlights vorstellen.

Wer lieber auf eigene Faust losgehen möchte, der sollte auf keinen Fall den bekanntesten Foto-Stop verpassen: „The Down Under The Manhattan Bridge Overpass". Die Water und Washington Street bieten einen wunderbaren Blick auf die Washington Bridge mit der Manhattan Skyline im Hintergrund.

Vom Brooklyn Bridge Park aus hat man eine wunderbare Aussicht auf die Brooklyn Bridge. Auch vom Fußgängerweg der Brooklyn Bridge hat man einen tollen Blick. Alle Standorte sind besonders schön im goldenen Morgenlicht, auch, weil die Straßen dann noch sehr leer sind. Wer die gesamte Manhattan Skyline als Motiv haben möchte, kann zum Liberty State Park fahren.

In Little Italy gibt es eine wunderschön bunte Malerei vom „Breakfast at Tiffany's"-Star Audrey Hepburn. Umrahmt von rotem Backstein ist sie eine tolle Kulisse zum Fotografieren. Überall in der Stadt verteilt gibt es weitere Werke der modernen Street Art. Besonders in SoHo und Nolita verausgaben sich die Künstler an Mauern und Wänden. Einige der schönsten sind „Gigi by Tristan Eaton", „Tiger by Sonny" oder „Lion by Sonny".

Ein sehr schöner Ort zum Fotografieren an sich ist „Coney Island". Eine der vielen bunten Fassaden ist zum Beispiel die von „Nathan's Hot Dogs".

New York hat auch Liebhabern moderner Architektur einiges zu bieten, beispielsweise den „Oculus". Der „Oculus" ist die Haupthalle des World-Trade-Center-Bahnhofs und ist besonders von innen ein Hingucker. Diese architektonische Meisterleistung entfaltet ihre volle Pracht, wenn man sie von einem Kopfende aus betrachtet und so den Überblick über das gesamte Bauwerk bekommt. Auch die spiralförmige Architektur des Guggenheim Museums ist ein beeindruckendes Fotomotiv. Besonders, wenn man von oben nach unten schaut, ergibt sich ein tolles Bild.

Die Public Library ist eine der drei öffentlichen Bibliotheken in New York und hat eine ganz besondere Atmosphäre. Aber Achtung – in einigen Räumen ist das Fotografieren nicht erlaubt und Blitz ist in der gesamten Bibliothek verboten.

Es ist auch wichtig, auf die Jahreszeit zu achten. So ist im Frühjahr beispielsweise Kirschblütenzeit im Brooklyn Botanic Garden und zweimal im Jahr findet der sogenannte Manhattanhenge statt, bei dem die untergehende Sonne genau in die Kluft der Wolkenkratzer von New York fällt und einen magischen Anblick zum Fotografieren bietet.Natürlich ist auch die weltberühmte „Grand Central Station" eine tolle Foto-Location.

Für das kleine authentische Foto zwischendurch eignen sich die zahlreichen stylischen Cafés und

Restaurants in New York. Sie besitzen alle unterschiedliche Designs von typisch amerikanisch mit Leuchtreklamen im Retro-Stil über Industriedesign bis zu modernem Stil mit botanischen Elementen. Nebenbei bemerkt sind auch die schön angerichteten Speisen und Getränke fotowürdig. Ganz in rosa gehalten bietet zum Beispiel das „ChaChaMatcha" eine wunderschöne Kulisse zum Fotografieren. Eine tolle Einrichtung in grün mit Avocado-Tapete und vielen Pflanzen hat das „Avocado Appetit". Übrigens bekommt man hier auch sehr leckeres und vor allem gesundes Essen.

Ganz besonders begeistern wird Sie das „L'Appartement Sezane", eine schicke Lifestyle-Boutique im Pariser Stil. Der Eingang und das Deko-Vintagefahrrad sind geschmückt mit wunderschönen Blumen und es gibt ein großes Schild aus Mosaiken mit der Aufschrift „Bonjour New York".

TOUREN & EVENTS

Wenn Sie auf der Suche nach geführten Touren sind, lassen sich die Internetseiten „getyourguide" oder auch „airbnb.de" empfehlen. Hier ist angegeben, was in einer Tour inkludiert ist, wie lange sie dauern wird und Sie können sie direkt über die Plattform buchen. Außerdem lassen sich verschiedene Touren durch Review-Systeme vergleichen. Zu den beliebtesten Touren zählen die Bootsfahren zur Freiheitsstatue, das typische Hop-On-Hop-Off-Busticket oder ein Helikopterflug über Manhattan.

Wer sich gern von Locals durch bestimmte Viertel führen lässt, wird hier fündig, genauso wie spezielle Themen-Touren á la „Sex and The City" oder kulinarische Schlemmertouren. Auf „airbnb.de" sind eher extravagante Aktivitäten zu finden, wie z. B. ein Fotoshooting an der Brooklyn Bridge, Yoga im Central Park, Jazz-Touren oder verschiedene Workshops.

Wer Unterhaltung und Entertainment braucht, kann zum Beispiel einen Dragqueen-Abend oder eine Live-Jazzparty miterleben oder auch sein eigenes Graffiti sprühen. Es gibt viele außergewöhnliche Aktivitäten, die auf „airbnb.de" oftmals von Einheimischen angeboten werden. Wer also ins wahre

New York abtauchen möchte, ist hier auf der richtigen Seite. Für aktuelle Events müssen Sie sich vor Ihrer Reise im Internet erkundigen, aber in der Stadt, die niemals schläft, ist immer etwas los. Natürlich ist es immer ein Spaß, amerikanische Feiertage mitzuerleben. So dürfen Sie sich nicht wundern, am St. Patrick's Day alles in grüner Ausführung zu bekommen.

Die St. Patrick's Day Parade ist jedes Jahr ein wahres Spektakel. Zweimal im Jahr tritt das sogenannte Manhattanhenge auf, bei dem das Licht des Sonnenuntergangs genau in die Schlucht der Straßen von Manhattan fällt. Jährlich findet die New York Fashion Week statt, während der diverse Prominente und Brancheninsider in der Stadt zu finden sind. Im Frühjahr kann man das Kirschblütenfest im Brooklyn Botanic Garden genießen und natürlich sind auch Thanksgiving und Weihnachten Feiertage, die amerikanischer nicht sein könnten.

Natürlich gibt es in New York auch Sightseeing-Pässe, mit denen sich Zeit und Geld sparen lassen. Es gibt viele verschiedene Pässe, deshalb sollte man sich im Vorfeld Gedanken machen, welche Sehenswürdigkeiten man besichtigen möchte. Die meisten Pässe sind auf der Website „getyourguide.de" erhältlich. Man profitiert beim Kauf von reduzierten Eintrittspreisen in Museen, Restaurants etc., von bevorzugtem Einlass, inbegriffenen Eintritten und kostenlosen elektronischen Reiseführern.

Wenn Sie in New York so viele Attraktionen wie möglich besuchen möchten, lohnt sich der New-York-Pass oder der New-York-Sightseeing-Pass am meisten. Wenn Ihnen wichtig ist, in möglichst kurzer Zeit die relevantesten Sehenswürdigkeiten abzuhaken, lohnt sich der New-York-City-Pass am meisten. Wenn Sie hierbei zusätzlich die Hop-On-Hop-Off-Busse und die Fahrräder im Central Park nutzen möchten, haben Sie die größte Ersparnis beim New-York-Pass und beim New-York-Freestyle-Pass. Wenn Sie sich etwas mehr Zeit nehmen und die Sehenswürdigkeiten in einer Woche besichtigen möchten, haben Sie die Wahl zwischen drei Pässen: dem Sightseeing-Flex-Pass, dem Explorer-Pass und dem New-York-City-Pass. Vergleichen Sie die im Pass inbegriffenen Attraktionen einfach mit Ihren Vorstellungen und wählen Sie aus. Sie können viel Geld mit einem dieser Pässe sparen!

NYC FOOD GUIDE

New York City ist ein wahres Food-Paradies! Das Essen in New York überrascht mit innovativen Food-Konzepten und außergewöhnlichen Kreationen, aber auch Klassiker aus aller Welt sind hier Zuhause. So vielfältig die Kulturen, so vielfältig das Angebot. Von typisch amerikanischen Pancakes und Milchshakes in Diners über Sushi, Pasta, Ramen, Burger, Tacos und Burritos bis hin zu Chinesisch oder Arabisch. Der New York Klassiker: Das Deli. Was ist das eigentlich genau? Der

Name kommt von dem Wort Delikatessen, es ist aber eher ein Imbiss in der unteren Preiskategorie, in dem es allerhand Fingerfood, Sandwiches und Snacks gibt. Eines der bekanntesten Delis ist „Katz's Delicatessen", hier gibt es das beste Pastrami-Sandwich der ganzen Stadt. Wenn man sein Sandwich allerdings günstiger kaufen möchte, kann man zum Beispiel bei „Mile End Deli", „Pastrami Queen" oder „Ben's Kosher Deli" vorbeischauen. An anderen kleinen Ständen kann man manchmal auch besonders coole Kreationen antreffen, wie Sandwiches mit Hummerfleisch oder Spicy Chicken.

Wenn Sie wie ein richtiger Local essen möchte, sollten Sie teure Touristenfallen, wie die Restaurants am Times Square, meiden. Essen Sie dort, wo Sie die meisten Einheimischen sehen, denn dort werden Sie günstiges und vor allem authentisches Essen finden.

Aber was muss man unbedingt in New York gegessen haben?

Ein Klassiker: der Donut. Das bei den Amerikanern beliebte Gebäck gibt es in New York an jeder Ecke. Ob mit bunter Zuckerglasur und Streuseln überzogen, mit leckeren Cremes gefüllt oder klassisch mit Zucker: New York ist das Paradies aller Donutliebhaber. Man muss nicht unbedingt bei Ketten wie „Krispy Kreme" oder „Dunkin Donuts" kaufen, kleinere Shops (zum Beispiel „Peter Pan" in Brooklyn) lohnen sich meistens viel mehr. Den gesündesten Donut ohne Eier und jegliche Konservierungsstoffe findest du im „Doughnut Plant" in Long Island City. Außerdem ein Muss für jeden New York Fan: der Cronut, eine Mischung aus Croissant und Donut, die es ausschließlich in New York gibt.

Bei der „Dominique Ansel Bakery" gibt es diese besondere Kreation zu kaufen, allerdings muss man dafür früh aufstehen, denn es bildet sich schon eine Stunde vor Eröffnung um 8:00 Uhr eine lange Schlange vor dem Backshop. Jeder Besucher darf maximal zwei Cronuts bestellen. Für wen das frühe Aufstehen gar nichts ist, der kann seinen Cronut auch 2 Wochen im Voraus bestellen. Jeden Monat gibt es einen neuen exotischen Geschmack, wie zum Beispiel Erdbeer-Balsamico oder Basilikum-Mascarpone.

Der Burger gehört zu Amerika wie das Croissant zu Frankreich. Man findet in New York unzählige Burgervariationen, wie zum Beispiel den Ramen Burger, bei dem das Weizenbrötchen durch ein Brötchen geformt aus Ramen-Nudeln ersetzt wurde. Dieser Burger ist zum Beispiel auf den Foodmärkten Smorgasburg erhältlich. Eine der beliebtesten Fast-Food-Ketten New Yorks ist das „Shake Shack", dessen Filialen man meistens schon von weitem an den langen Schlangen erkennt.

„Shake Shack" punktet mit supersaftigem Fleisch und einer Burgersoße zum Niederknien. Beim „Whitmans" im East Village, das sehr viel Wert auf regionale Zutaten und saisonales Gemüse achtet, sollte man den „Juicy Lucy" probieren: ein mit Pimentokäse gefülltes Rinderpatty zwischen frischem Salat und krossen Weizenbrötchen mit einer köstlichen Soße. Ein kleiner Geheimtipp für alle, die dem „busy" Manhattan für ein paar Stunden entkommen wollen: die „Brooklyn Surf Bar". Sie ist mit der Linie L bis zur Bedford Avenue recht einfach zu erreichen. In dem kleinen gemütlichen Strandhaus wird Ihnen Ihr Menü mit Hamburgern und Pommes auf einem Surfbrett serviert.

Typisch amerikanisch ist auch das sogenannte „Soul Food". Hierbei handelt es sich um Kalorienbomben wie frittiertes Hähnchen, Mac'n'Cheese oder Pulled Pork. Speisen dieser Art bekommen Sie zum Beispiel im „Virgil's Real BBQ". Auch Pizza gibt es in New York wie Sand am Meer. Hierbei ist allerdings zu beachten, dass Pizza in New York sehr teuer ist – der Preis für eine Pizza startet ungefähr bei $ 22. „John's Pizzeria", die von Einheimischen nur „John's Pizza" genannt wird, rühmt sich damit, nur neapolitanische Pizzen im Steinofen herzustellen.

Die hölzernen Wände und Gemälde machen den Besuch des Restaurants schon zu einem Erlebnis für sich. Eine der besten Pizzen der Stadt bekommen Sie im Restaurant „NY Pizza Suprema" direkt neben dem Bahnhof Penn Station. Die Pizzasauce ist köstlich und man kann hier auch einzelne Pizzastücke kaufen. Besonders empfehlenswert und ein wahrer

Geheimtipp ist das relativ unscheinbare italienische Restaurant „Lil' Frankies'", das vor allem von Einheimischen besucht wird.

Hotdogs. Für den kleinen Hunger zwischendurch sind die New Yorker Hotdogs optimal, man kann sie nämlich an jeder Straßenecke an einem der vielen Food-Trucks kaufen. Achten Sie ein wenig darauf, dass Sie bei Food-Trucks kaufen, bei denen auch Einheimische kaufen, denn die Stände unterliegen keiner Hygienevorschrift. Wer lieber im Restaurant essen möchte, der findet köstliche Hotdogs in ausgefallenen Variationen im „Crif Dogs". Hier sollten Sie auf jeden Fall den „Spicy Neck", ein in Bacon gewickeltes Würstchen mit Chili, Krautsalat und Jalapenos, probieren, den Sie je nach Belieben mit Avocado, saurer Sahne, Ananas oder geschmolzenem Käse aufpeppen können.

Cookies, Cheesecake, Cupcakes. Süßes vom Feinsten finden Sie zum Beispiel in der „Magnolia Bakery". Der ein oder andere kennt diese Konditorei vielleicht aus dem Film „Sex and the City". Besonders beliebt bei der „Magnolia Bakery" ist der New York Cheesecake, der Red Velvet Cheesecake und der Bananenpudding. Auch auf keinen Fall verpassen sollten Sie die „Levain Bakery". Mit einem riesigen Chocolate Chip Cookie mit weichem Kern in der Hand lässt es sich doch am besten durch den Central Park flanieren, denn der Shop liegt gleich um die Ecke. Der „Brooklyn Blackout Cupcake" des Retro Cafés „Little Cupcake Bake Shop" wurde mehrmals als der beste Cupcake Amerikas prämiert und wird seinem Ruf auf jeden Fall gerecht.

Chicken and Waffles – diese außergewöhnliche Kreation aus frittiertem Hähnchen und einer Buttermilchwaffel serviert mit Ahornsirup und Cinnamon Butter gibt es zum Beispiel bei „Pies `n' Thighs" in Brooklyn.

Aber auch international lässt sich in New York gut speisen. Halal können Sie sehr gut vom Food-Truck „The Halal Guys" essen. Das Lamm mit

Basmatireis schmeckt köstlich. Bei „Veselka" im East Village finden Sie die besten Pierogi und bei „Decoy" die beste Peking-Ente. Wer Ramen-Fan ist, kommt im „Ivan Ramen" auf seine Kosten.

Die mexikanische Küche hat zurecht den Ruf, günstig zu sein. Snacks wie Tacos, Tamales oder Tostadas kosten bei mexikanischen Essensständen nur circa $ 4. Aber natürlich hat die mexikanische Küche noch viel mehr zu bieten! Wenn Sie die „Cantina Rooftop Bar" auf einer Dachterrasse in Midtown Manhattan besuchen, haben Sie einen wunderschönen Ausblick über die Stadt. Die „Cantina Rooftop Bar" ist bekannt für ihre leckeren Mageritas, aber auch die Guacamole und andere modern interpretierte mexikanische Gerichte schmecken hier.

Sie sollten im Voraus einen Tisch reservieren, da die Bar sehr beliebt ist. „Tacombi" bei Fonda Nolita ist eines der coolsten Mexiko-Restaurants Nolitas. Die Atmosphäre ist hip, die Produkte frisch aus Mexiko importiert und der Geschmack wird Sie direkt an die Küste Mexikos katapultieren. Auch das Restaurant „Dos Caminos" ist zu empfehlen. Es ist wahrscheinlich das berühmteste mexikanische

Restaurant New Yorks und besitzt bereits vier Filialen. Man sollte hier immer nach dem aktuellen Tagesangebot und den Empfehlungen des Kellners fragen.

Sushi. In New York gibt es fast an jeder Ecke ein Sushi-Restaurant. Die Stadt ist für ihre Experimentierfreudigkeit, aber auch für ihre gute Qualität bekannt. Da Sushi ausschließlich aus frischem Fisch zubereitet wird, ist es nicht ganz billig. Die meisten Sushi-Restaurants sind eher gehobene Restaurants, wie zum Beispiel das „BlueRibbon" in SoHo oder das „Nobu New York". Die Preise sind hier sehr hoch, aber das Essen ist exklusiv, exotisch und von bester Qualität. Es gibt auch günstigere Restaurants wie das „Abace Sushi". Hier müssen zwar ein paar Abstriche beim Ambiente gemacht werden, aber das Sushi schmeckt trotzdem und es gibt eine riesige Auswahl.

Vegan oder vegetarisch in New York? Kein Problem! Wenn man an amerikanisches Essen denkt, denkt man vor allem an eines: Fleisch, Fleisch, Fleisch. Aber auch ein veganer oder vegetarischer Trip nach New York ist sehr gut möglich. Zugegeben

– nicht alle folgenden Restaurants sind zu 100 % vegan, einige Gerichte muss man sogar abändern, aber was tut man nicht alles für das beste New-York-Food-Erlebnis? „Champs Diner" allerdings ist voll und ganz vegan. Es ist ein typisch amerikanisches Diner im Retro-Stil und bietet zum Beispiel köstliche vegane belgische Waffeln und Pancakes an. „Jajaja Plantas Mexicana" bietet ganzheitlich vegane mexikanische Speisen an. Das Restaurant liegt direkt am Broadway und bietet leckere Churros und sogar Tacos mit Chorizo-Geschmack an. Ein etwas nobleres Restaurant ist das „Dirt Candy".

Toll angerichtet und lecker punktet das vegetarische Restaurant mit ausgefallenen Speisen. Beinahe alles kann hier auch vegan bestellt werden. Den besten Matcha-Latte der Stadt gibt es im „ChaCha-Matcha" und auch das Design des Cafés ist hip und instagramwürdig. Ein weiteres Café mit tollem Einrichtungsstil und leckeren vegetarischen Speisen ist das „The Butcher's Daughter". Veganer sollten hier allerdings nach den Zutaten fragen, da in vielen Gerichten Ei enthalten ist. Wer Lust auf Süßes hat, ist bei „Dun-Well Doughnuts" bei der richtigen Adresse. Das Café bietet eine riesige Auswahl an veganen

Donuts und Getränken an. Sie sollten hier auf jeden Fall den Chocolate Doughnut oder den Peanut Butter Doughnut probieren. Vegan asiatisch ist natürlich auch mit am Start: Bei „Beyond Sushi" gibt es eine große Auswahl an veganem Sushi und Nudelsuppen.

FRÜHSTÜCKEN

Wie frühstückt es sich in New York am besten? Echte New Yorker frühstücken unterwegs: Auf dem Weg zum Büro gibt es zahlreiche Stände, an denen man einen Kaffee und andere Leckereien bekommen kann. Ein richtig typisch amerikanisches Frühstück mit Eiern, Speck und Würstchen oder Pancakes mit Ahornsirup und Butter bekommt man fast in jedem Diner für $ 8- $ 9. Aber auch gesunde Varianten wie ein Oatmealgericht mit frischen Früchten, Avocado Toast oder Granola wird man hier finden.

Wenn man Kaffee bestellt, wird dieser meistens unbegrenzt nachgeschenkt. Eines der beliebtesten Cafés zum Frühstücken ist das „The Butcher's Daughter", ein hipper Ort mit köstlichem Frühstücksangebot. Für Pancake-Fans ist das „Locanda Verde" ein Muss – das auch bei Celebrities beliebte Café bietet unter anderem superleckere Lemon-Ricotta-Hotcakes an. Eines der ältesten Diners ist der „Eisenberg's Sandwich Shop": Seit 1929 werden hier in rasender Geschwindigkeit die eingehenden Bestellungen abgearbeitet. Um wieder auf kalorienhaltiges „Soul Food" zurückzukommen: das „IHOP" werden Sie nach Ihrem Frühstück nur noch rollend verlassen. Man kann hier aus einer riesigen Variation an Pfannkuchen oder verrückten Kombinationen wie ein mit Steak gefülltes Omelett wählen. Ein typisches Frühstück im New York-Style ist der Bagel. Es gibt das Brötchen mit Loch in allen möglichen Variationen – Schinken, Frischkäse, Avocado, Räucherlachs oder sogar mit Rührei und Bacon. Die empfehlenswertesten Bagel-Shops sind das „Crafted Bagels", das „Shelky's Smoked Fish", „Tal Bagels" oder „Pick A Bagel".

Für wen das frühe Aufstehen keine Option ist, der kann sich den unzähligen Brunch-Optionen der Stadt bedienen. „Jack's Wife Freda" zum Beispiel serviert einen sehr frischen und gesunden Brunch. Es gibt hier zum Beispiel Rosewater Waffles oder pochierte Eier mit scharfer Soße. Für einen Tisch am Wochenende muss man hier anstehen, aber es lohnt sich!

Wer auf der Suche nach einem gemütlichen Plätzchen zum Brunchen ist, der ist bei „Good Enough To Eat" genau richtig. Die „Clinton St. Baking Company" ist für die luftigen Blaubeer-Pfannkuchen mit Ahornsirup berühmt. Hier können Sie sich auf gastronomische Höchstleistungen gefasst machen. Für einen Brunch muss man mit einem Preis von $ 10 - $ 15 rechnen.

Saving Tip: Wer im Vorfeld genug Zeit zum Planen hat, kann sich am besten im Hotel direkt ein paar Restaurants aussuchen und die Menükarte downloaden. So wissen Sie, mit welchen Preisen Sie rechnen müssen, ob Sie die Speisen dort ansprechend finden und Sie müssen nicht vor lauter Hunger im teuersten Restaurant am Times Square essen. Außerdem ist es preiswerter, seine Hauptmahlzeit mittags, anstatt abends einzunehmen, da viele Restaurants einen günstigeren Mittagstisch anbieten. Im Folgenden sind ein paar Low-Budget-Restaurants aufgeführt, die den Geldbeutel schonen.

Chipotle – bei dieser weltbekannten Fast-Food-Kette gibt es ein Menü mit einem riesigen Burrito, Chips und Getränk für $ 14.

Dos Torros Taqueria – typisch mexikanisches Essen. Preis für einen großen Salat mit einem Getränk ist $ 11.

Mighty Quinn's – das Mighty Quinn's hat mehrere Filialen und bietet ein leckeres BBQ an. Der Preis für eine Portion Fleisch Ihrer Wahl, eine Beilage und ein Getränk liegt bei $ 19.

All You Can Eat bei Beccos – für $ 25 am Abend und $ 20 mittags bekommt man hier unlimitierten Zugriff auf drei verschiedene Sorten Pasta. Das Beste: Sie können sogar fragen, ob Sie sich eine Portion mitnehmen können, es ist also wirklich All You Can Eat.

$ 12-Wochentags Special bei Ahimsa – mittags gibt es hier ein sehr günstiges indisches Buffet mit vegetarischen Speisen, sogar mit Dessert.

Hinweis: Trinkgeld geben ist in New York üblich. New Yorker geben überall Trinkgeld, ob im Restaurant, beim Frisör oder wenn ihnen mit den Koffern geholfen wird. Das Trinkgeld macht in Restaurants auch den größten Teil des Lohns der Mitarbeiter aus, deshalb sollten Sie darauf achten, circa 20 % des Rechnungsbetrages draufzuschlagen. Man kann auch als Faustregel einfach die Steuern, die in New York 8,87% betragen, verdoppeln. Wenn man mit Karte zahlt, muss man in der Regel das Trinkgeld selbst berechnen und auf der Quittung vermerken. Alternativ kann man auch Bargeld auf dem Tisch zurücklassen, dies sollte aber offensichtlich geschehen. Das Gleiche gilt für Taxifahrer, Hotel- oder Wellnesspersonal. Die Mitarbeiter erwarten meist eine großzügige Aufrundung des bezahlten Preises.

MÄRKTE

Wenn Sie Lebensmittel kaufen und selbst kochen möchten, ist der Markt eine günstige Alternative zum Supermarkt. Die Produkte sind oftmals frisch und regional und es ist eigentlich schon ein Erlebnis an sich, über den Markt zu schlendern und die tolle Atmosphäre zu genießen.

Der „Union Square Greenmarket" findet jeden Montag, Mittwoch, Freitag und Samstag am Union Square zwischen 8 und 18 Uhr statt. Der Markt ist Bio, deshalb verkaufen hier viele Bauern aus der Umgebung ihre Produkte, meist Obst und Gemüse. Außerdem tätigen hier viele hippe New Yorker ihren wöchentlichen Einkauf – es ist also ein „Sehen und gesehen werden".

Insider-Tipp: Der „Chelsea Market" findet in einer Markthalle des Meatpacking Districts statt. Früher war dieser Ort eine Keksfabrik, in der der berühmte Oreo-Keks erfunden wurde. Da der Markt überdacht ist, eignet er sich auch für einen Besuch bei schlechtem Wetter. Die Auswahl des Chelsea Markets ist unschlagbar. Wer ihm einen Besuch abstattet, sollte auf jeden Fall Hunger mitbringen. Frisches Brot, frischer Fisch (sogar frischen Hummer) oder italienische Spezialitäten, es ist für jeden Geschmack etwas dabei. Wer auf der Suche nach ausgefallenen Souvenirs oder Erinnerungsstücken ist, wird hier fündig. Empfehlenswert ist ein Besuch morgens, um den Markt ganz in Ruhe zu erkunden.

„Smorgasburg" ist eine Art Lebensmittelmesse für Feinschmecker, sie findet mittlerweile an mehreren Standorten statt. Am besten ist der Markt in Williamsburg, man findet hier eine vielfältige Auswahl ausgefallener Snacks wie Sandwiches mit Wassermelone, Ricotta und Aubergine oder frittierte Sardellen mit Paprika-Aioli. In Williamsburg ist der Markt samstags von 11:00 Uhr bis 18:00 Uhr geöffnet, andere Standorte haben andere Öffnungszeiten.

Der Markt „Eataly" ist ein Mekka für alle Fans der italienischen Küche. Überall kann man italienische Köstlichkeiten wie frischen Mozzarella-Käse oder Parmaschinken kaufen oder Mitarbeitern bei der Herstellung von Pasta zusehen. Man kann jedoch auch bei einem der integrierten Restaurants die beste italienische Küche außerhalb Italiens probieren. Auch lohnenswert: die Rooftop-Bar der Eataly. Der Bierspezialist Sam Calagione bietet hier ausgefallene Biersorten an. Ein wahrer Geheimtipp!

Le District – die französische Antwort auf den Eataly-Markt. Es gibt hier mehrere Stände, bei denen Sie hochwertige französische Delikatessen kaufen können und Sie können französischen Käse in der Fromagerie, frisches Brot in der Boulangerie und Macarons in der Patisserie probieren.

Shopping und Ausgehen

EINKAUFEN

New York ist eine absolute Modemetropole, jährlich findet hier die New York Fashion Show statt. Beinahe jedes Modelabel ist in New York vertreten, es ist für jeden etwas dabei. Die bekannteste Shoppingmeile ist natürlich die Fifth Avenue. Mit dieser Straße assoziiert man automatisch Luxus und Glamour. Unschlagbar am Shopping in New York: Beinahe jede Marke und jedes Label hat ihren Flagship Store in New York. Das bedeutet, Sie können in New York Kleidung kaufen, die es sonst nirgendwo gibt. Im Gegensatz zu Deutschland haben die Geschäfte in New York in der Regel viel länger geöffnet, manche sogar 24 Stunden. Alle Preise sind in New York ohne Mehrwertsteuer angegeben, das bedeutet, die Preise sind Netto. Außerdem sollte man die Einreisebestimmungen Deutschlands beachten. Demzufolge darf man keine Waren im Wert von über 430 € zurück nach Deutschland einführen. Achten Sie darauf, dass Sie mit den New-York-Pässen in verschiedenen Geschäften oftmals Rabatte bekommen. So bekommen Sie zum Beispiel mit dem New-York-Pass im „Macy's" 11 % Rabatt auf Ihren gesamten Einkauf.

Die Touristenhochburg schlechthin ist der Herald Square. Neben dem riesigen Kaufhaus „Macy's" finden Sie hier viele Flagship Stores, die teilweise gerade erst eröffnet haben. Wer dem Stress entgehen möchte, sollte seinen Besuch frühmorgens und auf keinen Fall am Wochenende einplanen.

Wer preisbewusst einkaufen möchte, kann dies am besten außerhalb von Manhattan tun. Es gibt auch viele Outlets, bei denen Sie Markenware bis zu 80 % unter dem regulären Preis bekommen. Das mit Abstand beliebteste Outlet Center ist das „Woodbury Common Premium Outlet". Es liegt weniger als eine

Stunde von Manhattan entfernt und beinhaltet über 200 Designer-Läden. Vom Port Authority Bus Terminal oder der Penn Station kommt man problemlos mit dem Bus hin und zurück. Wenn Sie einen New-York-Pass gekauft haben, finden Sie im Pass unzählige Rabattaktionen, die Sie in diesem Outlet einlösen können. Weitere Outlets sind das Tanger Outlet und das Riverhead & Deer Park Outlet. Beide finden Sie auf Long Island, also circa 1,5 bis 2 Stunden von Manhattan entfernt. Verpassen Sie es nicht, sich zusätzliche Rabatthefte an der Infotheke abzuholen, mit diesen kann man zusätzlich noch einiges sparen.

Die Shops in den Hudson Yards gehören zu einer der neueren Shopping Malls und sind hauptsächlich Luxus Labels, aber auch Mainstream-Marken wie H&M und Zara haben hier ihren Platz.

Abseits vom touristischen Andrang hat man auf der kleineren Columbus Circle Mall ein bisschen Ruhe. Sie liegt in der Nähe des Central Parks. Der hippe Stadtteil SoHo hat shoppingmäßig auch einiges zu bieten, außerdem versprüht das Viertel seinen ganz eigenen künstlerischen Charme. Auch einige Second-Hand-Läden, wie zum Beispiel „A second chance" sind in SoHo zu finden. Gebrauchte

Designerteile kann man hier zu einem geringen Preis erwerben. Wer sich ein wenig ausruhen möchte, kann in einem der vielen kleinen Cafés eine Pause einlegen.

Shoppen wie in „Sex and The City"? Dazu müssen Sie in den Meatpacking District am Ende der High Line in Downtown. Die angesagtesten Läden tummeln sich hier und der Chelsea Market mit verschiedenen Leckereien ist gleich nebenan.

Saving Tip: Wer so richtig Geld sparen möchte, kann in den anliegenden Bundesstaat New Jersey fahren, da es hier keine Mehrwertsteuer gibt. Wer während Thanksgiving in New York ist, sollte sich auf die zahlreichen Black-Friday-Schnäppchen einen Tag nach Thanksgiving gefasst machen. Dieser Schlussverkauf bietet die perfekte Möglichkeit für einen 24-Stunden-Marathon im Schnäppchenparadies.

NACHTLEBEN

New York ist ja bekanntermaßen die Stadt, die niemals schläft. Wer in New York nachts ausgehen möchte, muss mit hohen Preisen und strengen Richtlinien rechnen. So ist der Zutritt unter 21 Jahren überall verboten und die Bekleidung muss der Location angemessen ausgewählt sein. Herren sollten darauf achten, keine Sneaker, Shorts oder Caps zu tragen. Auch Business-Klamotten sind fehl am Platz. Frauen können sich ruhig in Schale schmeißen. Doch wer es an den Türstehern vorbeigeschafft hat, kann sich auf ein aufregendes und angesagtes Nachtleben freuen. In New York kann man sogar sehr gut in der Woche feiern gehen, da New Yorker nach der Party ganz üblich am nächsten Morgen wieder zur Arbeit gehen.

Im „1Oak" trifft man nicht selten Prominente, die Einrichtung ist sehr schick und stylisch und die Getränkepreise teuer. Es wird House, Hip-Hop und R'n'B gespielt und Turnschuhe sind verboten. Auch im „Marquee" lässt es sich gut feiern, jedoch gibt es hier strenge Richtlinien für die Männer: Shorts und Caps sind verboten und man sollte als Mann am besten in weiblicher Begleitung kommen.

In Chinatown kann man die Nacht in zahlreichen Karaoke-Bars verbringen. Besonders viele Bars und Clubs gibt es im East Village.

Das Lavo in Midtown East ist bekannt für seine Pre-Party-Dinners im hauseigenen italienischen Restaurant und die weltbekannten DJ's, die hier donnerstags bis samstags auflegen. Electro- und House-fans werden hier mit Sicherheit auf ihre Kosten kommen. Electro und Techno wird mit dem besten DJ-Line-Up im Cielo gespielt, hier ist der Dresscode eher cool and casual.

Wer beim Feiern nicht unglaublich viel Geld ausgeben möchte, kann die Rooftop-Bar „Le Bain" im Meatpacking District besuchen. Der Eintritt ist hier frei und ein Longdrink kostet circa $ 12. Vom Main Floor und der Dachterrasse aus hat man übrigens einen tollen 360° Blick über die Stadt.

Man sollte bei den Clubs immer beachten, dass keine Stempel vergeben werden, das heißt, einmal rausgegangen kommt man nicht wieder herein.

Wenn Sie die New Yorker Barszene erkunden möchten, könne Sie einen sogenannten „Pub Crawl" buchen. Verschiedene örtliche Veranstalter stellen hier die besten Bars vor. Die „Pub Crawl"-Touren kosten ungefähr $ 55 und dauern circa 3 Stunden. Je nach Jahreszeit finden in New York natürlich auch Themenpartys statt. An Halloween zum Beispiel ist die Stadt voller Kostümpartys und Spukhäuser. Grundsätzlich wird dieses Fest in Amerika deutlich größer gefeiert als in Deutschland.

Man findet in Restaurants, Bars und auch in Supermärkten viele Halloween-Dekorationen und „gruselige Süßigkeiten". Im West Village finden am 31.10. eine Halloween-Parade sowie zahlreiche Halloween-Partys statt. Meist muss man für diese Partys vorher eine Eintrittskarte kaufen. Wer an der Parade teilnehmen möchte, sollte sein gruseligstes Kostüm aus dem Kleiderschrank holen. Eine Anmeldung ist hierbei vorher nicht erforderlich.

Die Parade startet um 18:30 Uhr und dauert circa 2 Stunden. In New York ist es an berühmten Feiertagen üblich, dass man in allen Bars Eintritt zahlen bzw. den sogenannten „Table Service" kaufen muss. An Silvester findet am Times Square die berühmteste Silvester-Party der Welt statt. Wenn Sie einen guten Platz ergattern möchten, sollten Sie spätestens um 16 Uhr am Times Square sein, da es sehr voll sein wird. Suchen Sie vorher eine Toilette auf und ziehen Sie sich warm an. Wenn Sie lieber ein anderes Feuerwerk sehen möchten, können Sie dies im Central Park am Bethesda-Brunnen oder Sheep's Madow tun. Um Mitternacht startet im Central Park auch der jährliche Midnight Run, für den Sie sich online anmelden können. Eine der schönsten Aussichten auf die Manhattan Skyline gibt es von der Brooklyn Bridge aus.

Hochprozentiger Alkohol ist nur ab 21 Jahren und in bestimmten Liquid Stores erhältlich, Bier und Wein hingegen kann man auch in einem Supermarkt kaufen. Alkohol sollte nur im Kofferraum und für die Öffentlichkeit nicht sichtbar transportiert werden. Rauchen ist ebenfalls in der Öffentlichkeit verboten und erst ab 21 Jahren gestattet.

Saving Tip: Es gibt einige Bars, in denen es zum Drink kostenloses Essen gibt. Zum Beispiel gibt es im „Blind Tiger Ale House" mittwochs ab 18 Uhr beim Kauf eines Bieres freien „Murray-Käse" mit Breadsticks. In „Rudy's Bar & Grill" erhalten Sie zu jedem Bier einen kostenlosen Hotdog und in der „Krokodil Lounge" bekommen Sie eine kostenlose kleine Pizza, wenn Sie ein Getränk kaufen.

Hotels

Wenn Sie eine Unterkunft in New York suchen, reicht die Spanne von einigermaßen günstig bis hin zu sehr teuer. Je nachdem, wie weit Sie vom Stadtzentrum entfernt wohnen möchten und wie viel Luxus Sie brauchen, schwanken die Preise sehr stark. Wir werden im Folgenden keine ausgesuchten Hotels vorstellen, denn die Auswahl ist in einer Metropole wie New York einfach zu groß und vielfältig. Auf verschiedenen Hotelbuchungsportalen oder „Airbnb" können Sie Preise vergleichen, Ihr Budget anpassen und den Stadtteil auswählen. Andere Kriterien wie die

Zimmergröße, Frühstück oder andere Extras können bei den Filtern angegeben werden. So wird jeder mit seinem individuellen Budget und mit seinen persönlichen Bedürfnissen fündig. New York hat unter anderem die höchsten Übernachtungskosten der Welt. Für ein Hotelzimmer muss man im Durchschnitt mit einem Preis von 100 € - 200 € pro Nacht rechnen. Der Preis ist aber abhängig von der Reisezeit. Hier stellt sich oftmals die Frage: Wo kann ich günstig wohnen und welcher Stadtteil ist der Beste?

Die meisten Sehenswürdigkeiten liegen in Manhattan. Manhattan liegt am Hudson River und ist auch aufgrund seiner vielen Attraktionen das teuerste Viertel der Stadt. Wer zentral und in der Nähe der wichtigsten Spots wohnen möchte, ist hier richtig. Wer Luxus und High Society möchte, kann sich im Stadtteil TriBeCa oder an der Upper East Side ein Zimmer suchen. Hier werden Sie eventuell auch dem ein oder anderen Prominenten über den Weg laufen. Da New York durch die öffentlichen Verkehrsmittel sehr gut vernetzt ist und man sowieso meistens einen Metro-Pass kauft, reicht es bei einem kleineren Budget aus, auf umliegende Stadtviertel auszuweichen. Diese sind oftmals nicht so touristisch geprägt und jeder Stadtteil hat seinen ganz eigenen Charme. Brooklyn auf der anderen Seite des Hudson Rivers wird immer beliebter. Von hier aus hat man einen tollen Ausblick auf die New York Skyline und die Preise sind viel niedriger als in Manhattan. Von Staten Island haben Sie den perfekten Ausblick auf die Freiheitsstatue.

Achten Sie bei zunehmender Entfernung zum Stadtzentrum einfach auf eine gute Metroanbindung. Chelsea und SoHo sind die hippen Viertel der Stadt. Greenwich Village ist der Künstlerbezirk und hier wimmelt es nur so vor Leben. Alle letztgenannten Viertel sowie die Lower East Side sind typische Wohngegenden der New Yorker. Man findet hier also keine bekannten Sehenswürdigkeiten, ist aber mittendrin im authentischen New Yorker Leben.

Von diesen Vierteln kann man viele andere Stadtteile auch fußläufig noch gut erreichen, zu den Sehenswürdigkeiten muss man allerdings die Metro nehmen. Wer ein sehr kleines Budget hat, findet in Queens sein Plätzchen. Mit der Metro ist man in circa 15 Minuten in Midtown und man bekommt wesentlich mehr für sein Geld. Außerdem kann man den Ausblick auf die New Yorker Skyline genießen.

Günstig übernachten mit Airbnb? Wer bei Airbnb in New York noch riesige Lofts zum kleinen Preis im Kopf hat, kann sich diesen Gedanken direkt wieder aus dem Kopf schlagen. Die Preise auf Airbnb sind in den letzten Jahren in New York extrem angestiegen und haben sich an die normalen Hotelpreise angepasst. Außerdem sollte man sich die Frage stellen, ob man unterstützen möchte, dass der Wohnungsmarkt in der Großstadt für Einheimische noch knapper wird, als er ohnehin schon ist, und dass die Einheimischen wegen den steigenden Preisen aus ihren Wohnvierteln verdrängt werden.

Dies ist oft in Großstädten der Fall und trägt leider auch dazu bei, dass authentische Viertel zu reinen Touristengegenden verkommen. Daher ist auch das Vermieten von ganzen Wohnungen von Einheimischen seit 2016 in New York verboten worden. Wenn Sie sich also der rechtlichen Lage nicht ganz bewusst sind, kann es vorkommen, dass Ihre Reservierung in letzter Minute storniert wird.

> **Achtung:** Die Stadt NY erhebt eine Übernachtungsgebühr von 14,25 % sowie $ 3,50 pro Tag. Diese Gebühren sind bei einer Onlinebuchung oft noch nicht enthalten und müssen im Hotel bezahlt werden.

Packliste

Geld & Finanzen

O (evtl.) Auslandswährung

O Bargeld

O Bauchtasche

O Brustbeutel

O Bauchtasche

O EC-Karte

O Kreditkarte

O Notfall-Telefonnummern der Banken

O Portmonee

Hygiene

O Haarbürste / Kamm

O Deo (klein)

O Shampoo

O Kulturtasche

O Sonnencreme

O Taschentücher

O Reise-Zahnbürste und Zahnpasta

O Verhütungsmittel

Kleidung

O Badeklamotten

O Gürtel

O Hosen kurz / lang

O Mütze / Cap / Hut

O Pullover

O Regenjacke

O Schlafanzug

O Socken

O Sonnenbrille

O Sportklamotten / Jogginghose

O T-Shirts

O Unterwäsche

Medikamente

O Blasenpflaster

O Anti-Durchfalltabletten

O Erste-Hilfe-Set

O Fiebertabletten
O Fiebertabletten
O Mückenschutz
O sonstige Medikamente
O Pflaster
O Kopfschmerztabletten

Unterlagen & Papiere

O ADAC Unterlagen
O Adresslisten für Postkarten
O Krankversicherungsnachweis
O Stadtplan
O Führerschein
O Unterlagen für die Unterkunft
O Wasserdichte Hülle für Reiseunterlagen
O Impfausweis
O Mietwagenunterlagen
O Personalausweis
O Reisepass
O Reisetagebuch
O evtl. Studentenausweis

O evtl. Visum
O Zug- / Bahn- / Flugticket

Taschen & Rucksäcke

O Koffer / Trolley / Reisetasche
O Regenhülle für Rucksack
O Rucksack

Schuhe

O Badeschlappen / Hausschuhe
O Schuhe und Wechselschuhe

Sonstiges

O Brille / Kontaktlinsen und Etui
O Buch zum Lesen
O Ohrenstöpsel und Schlafmaske
O Regenschirm
O Reisedecke
O Wasserflasche
O Wörterbuch

Elektronik

O Digitalkamera
O Handy
O Ladekabel
O Kopfhörer
O evtl. Steckdosenadapter
O Power-Bank

Herstellung und Verlag:
BoD – Books on Demand, Norderstedt
ISBN: 9783751978019

1. Auflage
Kontakt: Psiana eCom UG/ Berumer Str. 44/ 26844 Jemgum
Covergestaltung: Fenna Larsson
Coverfoto: depositphotos.com